GARY HAYNES

COMO DEUS
QUER USAR
AS MULHERES

Atos

H424   Haynes, Gary
          Como Deus quer usar as mulheres / Gary Haynes.
          Curitiba: Editora Atos, 2022.
        88 p.
        ISBN 978-85-7607-168-6

          1. Mulheres 2. Cristianismo 3. Vida espiritual. I. Título.

CDU: 396.6   CDD: 305.42

Índices para catálogo sistemático:
1. Cristianismo: mulheres 305.42

Copyright © 2022 por Editora Atos
Todos os direitos reservados

Publicado anteriormente com o nome de
Por que as mulheres são tão especiais

Revisão
Walkyria Freitas

Capa
Rafael Brum

Coordenação editorial
Manoel Menezes

Segunda edição
Abril de 2022

Todos os textos bíblicos foram extraídos da Nova Versão Internacional (NVI). Nenhuma parte deste livro pode ser reproduzida, arquivada ou transmitida por qualquer meio – eletrônico, mecânico, fotocópias, etc. – sem a devida permissão dos editores, podendo ser usada apenas para citações breves.

Publicado com a devida autorização e com todos os direitos reservados pela EDITORA ATOS LTDA.

www.editoraatos.com.br

Sumário

Dedicatória 5
Prefácio 7

1. Iguais, mas diferentes 11
2. O milagre de ser mãe 23
3. Mães espirituais 35
4. Atributos das mães espirituais 45
5. O segredo das irmãs 61
6. Como Deus usa as mulheres 71

Dedicatória

Dedico este livro à:

Vera Irene Mabry (in memoriam), minha avó querida, mãe da minha mãe, que me ensinou sobre o poder do Espírito Santo.

Goldie Haynes (in memoriam), mãe do meu pai, que conheceu Jesus logo antes de morrer aos 92 anos.

Wanda Haynes, minha mãe, que tenho o privilégio de ter conosco. Ela me ensinou tantas coisas, que não consigo listar.

Rebecca (Haynes) Perry (in memoriam), minha melhor amiga, minha irmãzinha, que Jesus levou para estar com ele quando ela tinha seus 30 anos de idade.

Prefácio

Creio que direi nesse livro algumas coisas que podem chocar algumas pessoas, mas tenho plena convicção de que elas precisam ser ditas. Deus quer usar a mulher de uma forma diferente e mais intensa do que, muitas vezes, tem acontecido na igreja e na sociedade. Mas, por favor, leia o livro todo antes de tirar conclusões sobre o que eu quero dizer. Esse é um livro curto, mas acredito piamente que produzirá um tremendo impacto nas vidas de muitas mulheres, e até alguns homens!

Confesso que sou imensamente enriquecido e grato pela influência das mulheres na minha vida! *Como Deus Quer Usar as Mulheres* é um livro que surgiu da expressão daquilo que está no meu coração. Seu foco principal não é o de ser um tratado teórico sobre a importância das mulheres no plano de Deus, mas um momento sincero, transparente e aberto, onde posso compartilhar, baseado em princípios bíblicos, porque pessoalmente acredito que as mulheres são de fato tão especiais.

Considero fascinante o jeito como Paulo se dirige a Timóteo, no início da segunda epístola escrita a ele. Timóteo era um de seus principais filhos ministeriais e um de seus mais importantes sucessores. Ao se pronunciar sobre a qualidade sincera e não fingida da fé que Timóteo possuía, o apóstolo menciona que o discípulo a havia recebido de sua mãe e avó piedosas. No seu conceito, Timóteo tinha se tornado um excelente homem de Deus por ter recebido fé e unção de sua mãezinha Eunice e sua avozinha Loide.

No livro de Atos vemos que Paulo escolheu Timóteo para ser seu discípulo porque ele tinha um excelente testemunho no meio de todos os irmãos de sua região. Em 2 Timóteo 1.5 o apóstolo dá o principal crédito dessa vida que Timóteo tinha com Deus e do seu caráter superlativo a essas duas mulheres tão especiais que ele teve ao seu lado.

Pessoalmente tive o privilégio de conviver com uma mãe abençoada, uma avó que era uma grande mulher de Deus e uma bisavó de tremenda unção e fé, que ainda teve a oportunidade de me segurar em seus braços e me abençoar, quando eu era bebê, antes de partir para estar com Jesus. Com certeza também tenho a honra de ter um pai que é homem de Deus de verdade e um avô que é poderoso pastor e ministro da Palavra de Deus. Mas nunca conseguirei enfatizar suficientemente o quanto as mulheres têm sido especiais para mim, como parte fundamental na minha vida no Espírito Santo e nas bênçãos que desfruto diariamente hoje. As mulheres têm unção e chamado especial e único. Para mim não resta nenhuma dúvida sobre esse fato.

Há quatro principais formas de a mulher interagir na família e no corpo de Cristo: como filha, irmã, mãe e esposa. Meu foco nesse livro será sobre a incrível unção e influência positiva que a mulher pode exercer como irmã e mãe na vida espiritual de uma pessoa. Não serei exaustivo em explorar esse assunto, mas fornecerei alguns princípios que creio ser cruciais e que precisam ser entendidos no corpo de Cristo hoje em dia.

Sou simplesmente fã da forma como Deus usa as mulheres, quando elas entendem essa unção especial que detêm e a deixam fluir livremente. Quero compartilhar aqui alguns segredos bíblicos que, se as mulheres conhecerem e praticarem, irão liberá-las em Cristo para serem as pessoas especiais que Deus as fez para serem.

Capítulo 1

Iguais, mas diferentes

A mulher não foi feita para ser homem. E graças a Deus por isso! O Senhor tinha um plano bem específico em mente quando a criou. A geração atual muitas vezes tenta dizer que não há diferença entre o homem e a mulher, mas essa é uma das maiores falácias e mentiras que já ouvi em toda minha vida! É um dos maiores enganos que está sutilmente destruindo a sociedade e atacado a igreja e a família!

A mulher que tenta ser idêntica ao homem acaba sendo menos do que era para ser, perdendo a contribuição única que Deus lhe deu para oferecer ao mundo. Homens e mulheres são criados por Deus com diferenças nítidas, e esse fato é um dos maiores dons que o Senhor nos deu. O processo de aprendermos a valorizar e compreender essas diferenças pode ser, se assim o encararmos, uma experiência muito rica e satisfatória. Deus fez a mulher para fluir numa unção especial e ser um instrumento de bênçãos e sabedoria para a vida de toda a sua família, amigos e sociedade.

Gênesis 5.1-2 faz uma colocação intrigante: "Quando Deus criou o homem, à semelhança de Deus o fez; homem e mulher os criou. Quando foram criados, ele os abençoou e os chamou Homem". Essa passagem contém um mistério: num momento Deus fala que tanto o homem quanto a mulher foram criados, no sentido dos dois gêneros, a nível plural, mas mesmo assim os chama pela nomenclatura universal Homem. E em outro momento, em seguida, Ele mostra uma subdivisão da criação, chamando um de homem e a outra de mulher.

O que isso quer dizer? No sentido genérico homem e mulher são chamados de Homem. Vemos isso muitas vezes na Bíblia. No mundo de hoje ainda é assim: ao dizer homem, de forma generalizada, incluímos homens e mulheres. Mas no sentido específico, Deus criou duas subcategorias divididas e chamadas homem e mulher, respectivamente. No sentido geral e qualitativo, tanto homem como mulher são iguais, são Homem. Mas no sentido específico, Deus deixa bem claro que não são iguais e foram feitos de formas diversas. E Ele ainda os nomeou de forma diferenciada.

No plano original de Deus, o homem foi feito para ser HOMEM, sentir como homem, agir como homem e falar como homem. E a mulher foi também feito para ser MULHER, sentir como mulher, agir como mulher e falar como mulher. E essa diferença é umas das coisas que Deus fez que mais melhora e acrescenta coisas profundas a raça humana!

Vemos nessa passagem de Gênesis que tanto o homem quanto a mulher foram feitos à imagem de Deus. Os dois são de igual valor no plano espiritual. É isso que o apóstolo Paulo declarou em Gálatas 3.28: "Não há judeu nem grego, escravo nem livre, homem nem mulher; pois todos são um em Cristo Jesus".

Quando se trata de qualidade, ou valorização, não há diferença entre homem e mulher em Jesus. Mas em todos os outros sentidos, homens e mulheres são radicalmente diferentes! E um dos maiores erros que muitas pessoas cometem é confundir essas duas coisas. Valor é uma coisa; característica é outra totalmente diferente.

Essa grande diferença entre meninos e meninas é óbvia para todos nós desde a infância. Os nossos gostos, atividades e interesses são em geral bem variados. A nossa forma de comunicar é diferente. A nossa maneira de vestir com certeza não é igual. E entrando no campo emocional, aí é que as discrepâncias entre os sexos aumentam de forma exacerbada.

Menina gosta de brincar com Barbie; menino gosta de brincar com fogos de artifício. As garotas quase sempre são cuidadosas ao escolher o que vão vestir. Ao se arrumarem, muitas vezes experimentam várias peças, até acharem a "ideal" para o momento. Os rapazes geralmente vestem

qualquer coisa que estiver à mão, o mais rápido possível, sem olhar duas vezes.

Quanto mais crescemos, mais nos tornamos diferentes. A cada ano que passa, da infância à vida adulta, podemos reparar que há mais e mais divergências e diversidades entre os sexos. Essas distinções são o que trazem sabor ao nosso dia-a-dia, são o sal da vida.

Até a forma de nos comportamos em grupo varia drasticamente entre homens e mulheres. Um grupo de cinco amigas tem como denominador comum compartilhar uma com a outra. Cinco amigos reunidos também têm um denominador comum, o de competir um com o outro. Vejamos um exemplo prático:

Cinco amigas estão juntas comendo pipoca. A tigela se esvazia e acaba a pipoca. Uma se oferece como voluntária: "Vou fazer mais pipoca". A próxima a segue falando: "Eu vou ajudar a fazer a pipoca". A terceira diz: "Também vou ajudar, posso colocar o sal na pipoca". A quarta fala: "Vou também, posso ajudar a carregar a pipoca depois". A quinta, para não ficar de fora, se oferece: "Vou pegar guardanapos para usarmos depois de comermos a pipoca". E todas as cinco, felizes, seguem juntas para a cozinha para preparar mais pipoca.

Agora imagine os cinco rapazes juntos comendo pipoca. Quando ela acaba, o primeiro fala: "Eu não vou fazer mais pipoca, pois fui eu que fiz essa". O segundo logo diz: "Eu também não vou, pois eu que coloquei o sal nessa pipoca que estávamos comendo". O terceiro fala: "Eu não vou ajudar, pois eu que fiquei passando a tigela de pipoca entre todo mundo; já fiz a minha parte por hoje". O quarto amigo logo lembra todo mundo que a ideia da pipoca foi dele e, então, já deu sua contribuição, e por isso não vai ajudar mais. E o coitado do quinto, que foi lento para falar, é obrigado a fazer pipoca sozinho para o resto do grupo.

Apesar de essa ilustração que conto ter uma certa dose de humor, serve para mostrar que de fato o homem e a mulher tem crivos e paradigmas bem diferentes de fato.

Mesmo usando o mesmo idioma, muitas vezes a forma como as mulheres e os homens se comunicam parece conter duas línguas distintas. Usamos as mesmas palavras, mas a conotação que damos é tão diferente que é comum uma mulher e um homem ouvirem a mesma conversa e tirarem conclusões totalmente diferentes do que foi dito.

Aprendi muito sobre isso com minha irmãzinha Rebecca. Às vezes, ela me ligava para dar um oi. Durante uma conversa, num determinado momento, ela perguntava: "E aí, irmãozão, como você está?". Eu respondia educadamente: "Estou bem". Depois de continuar a falar sobre outras coisas, após alguns minutos de bate-papo, ela

me perguntava pela segunda vez: "Meu irmãozão, como você está mesmo?". Para mim, como homem, o fato de ela perguntar a mesma coisa duas vezes não fazia o menor sentido. Então, respondia de novo, com um pouco menos de paciência: "Estou BEM".

Após mais alguns minutos de conversa, pela terceira vez ela me perguntava: "Irmão querido, me fala como você está de verdade". Nesses momentos minha frustração crescia. Não fazia sentido, na minha mente lógica e racional masculina, porque ela em poucos minutos repetia a MESMA pergunta pela terceira vez. Aí, começava a ficar irritado com isso.

E por último, no meio da conversa, pela quarta vez, ela perguntava: "Meu querido irmãozão, me fala como você está mesmo, de verdade, pode abrir o coração!". Nessa altura do campeonato, isso era o cúmulo para mim. Perdia minha paciência de vez e dizia: "Rebecca, para de me perguntar a mesma coisa! Já respondi quatro vezes seguidas: ESTOU BEM!".

O que eu não entendia naquelas horas, na minha forma masculina de enxergar as coisas, é que ela não estava insistindo para me irritar. Pelo contrário, na linguagem dela, como mulher, ela estava me dizendo: "Quero que saiba que me importo com você de verdade, e se algo está lhe perturbando, ou chateando, pode desabafar comigo. Eu vou ouvir com paciência, fique a vontade". De fato, ela insistia por me amar e se importar comigo, e apenas queria que eu soubesse que ela estava ali para me apoiar, ouvir e ajudar, dentro do que pudesse, como minha irmãzinha.

Por não ter conhecimento da linguagem dela, eu tentava entendê-la sob um crivo masculino, e a repetição me irritava. Depois, quando entendi de fato o que ela queria dizer em momentos assim, aprendi a valorizar essas conversas. Aprendi a responder: "Rebecca, muito obrigado por se importar comigo o suficiente para perguntar de novo, mas realmente estou super bem hoje". Ou então: "Rebecca, que bom que você realmente quer me ouvir; vou desabafar sobre algumas coisas que têm acontecido. Quero ouvir sua opinião e contar com suas orações". Depois que aprendi a responder assim, ela ficava sempre muito satisfeita de conversar comigo.

O homem tende a ver as coisas de forma lógica e quadrada; a mulher enxerga as coisas de forma intuitiva, percebendo o lado emocional da questão. E a lista vai embora. Poderia enumerar dezenas de outras coisas que distinguem as mulheres dos homens. Tenho certeza que você está pensando nesse momento em várias discrepâncias entre o sexo masculino e feminino que não citei aqui. Claro que estou generalizando, e há exceções e variações. Mas, em geral, temos grandes diferenças entre os sexos na forma de pensar, sentir e interagir.

Homens e mulheres são diferentes! E a mulher tem dons, talentos e forma de enxergar as coisas distinta do homem. O homem tem a contribuir para com a mulher com sua forma de ver o mundo e as circunstâncias; mas a mulher, de uma forma diferente, também contribui! Como esse livro tem o foco voltado para as mulheres, permita-me voltar a dizer: Vocês são especiais! Sou muito grato a Deus pelo fato de o Senhor ter criado vocês exatamente como são. O mundo seria um tédio se existissem somente homens! Seria mais do que um tédio, seria horrível. Não porque tenho qualquer coisa contra o meu sexo, pelo contrário. Mas acredito que a diversidade que Deus criou entre homens e mulheres, se encararmos com paciência, tolerância e solicitude, é algo de profundo valor para a família, a igreja e a sociedade.

Há também outra questão que muitas vezes é confundida. De acordo com a Bíblia, a mulher, quando mora na casa dos pais, é chamada a ser submissa ao seu pai e a sua mãe. E também de acordo com a Palavra, quando casada, é chamada a ser submissa ao seu marido.

Mas deixe-me adicionar uma informação aqui. O livro de Efésios, quando fala de obediência aos pais, logo em seguida diz: "Pais, não irritem seus filhos". Os pais devem receber a submissão dos filhos de uma forma gentil, tomando o cuidado de não irritá-los ou frustrá-los, através da maneira dura de tratá-los.

Praticamente todas as passagens bíblicas que falam que a mulher deve se submeter ao marido advertem, em seguida, que o homem deve amar sua mulher e tratá-la com respeito e carinho. Pedro fala primeiro as esposas: "Mulheres, sujeite-se cada uma a seu marido" (1Pe 3.1).

Mas, depois, acrescenta: "Do mesmo modo vocês, maridos, sejam sábios no convívio com suas mulheres e tratem-nas com honra, como parte mais frágil e co-herdeiras do dom da graça da vida" (1Pe 3.7). A Bíblia chama, sim, a esposa a submeter-se ao seu marido, mas mostra que o marido não pode ser egoísta no trato com sua mulher e que sempre deve procurar o bem estar dela.

Mas a mulher, em geral, não é chamada a ser submissa ao homem. O que quero dizer com isso? No contexto livre, na sociedade, as mulheres não são chamadas, de acordo com os princípios da Bíblia, a serem submissas de forma geral ao sexo masculino! É a verdade. A filha é chamada, sim, para ser submissa ao seu pai e a sua mãe. A esposa é chamada, sim, a ser submissa ao seu marido. Num contexto de trabalho, a mulher é chamada a ser submissa ao seu chefe, não importando se ele é homem ou mulher. Somos também chamados a ser submissos aos governantes e há outros contextos onde somos chamados a respeitar autoridade. Mas em nenhum momento fora desses relacionamentos a mulher é chamada pela Bíblia a ser submissa a um homem apenas por ele ser do sexo masculino. É muito importante entender esse ponto, pois é fundamental para a mulher ser tudo que ela foi criada para ser.

E preste muito atenção a outro detalhe importante: o fato de a Bíblia em alguns contextos relacionais chamar a mulher a se submeter, jamais quer dizer que ela seja inferior ao homem! No sentido de significância, importância ou valor, o homem e a mulher são iguais. E o fato é que no sentido de contribuições, a mulher é extremamente especial, e agrega um valor único para o nosso mundo.

Em nome de nós, homens, permitam-me dizer: "Obrigado, mulheres, por vocês existirem e serem tão lindas, extraordinárias, excepcionais e, sim, mais uma vez, especiais!".

Mas eu digo, dirigido pelo Espírito Santo de Deus, às mulheres: as diferenças que temos entre nós são um presente de Deus, e vocês são um presente do Senhor nosso Deus à sociedade! Existe algo no plano de Deus para cada mulher preencher que é de grande valor e especial. Você é chamada e separada por Deus, e Ele pretende usar a sua vida para tocar, transformar e trazer cura às feridas de muitas pessoas a sua volta, de uma forma totalmente feminina.

Capítulo 2

O milagre de ser mãe

O momento era extremamente tenso. Os guerrilheiros tinham tomado posse do nosso ônibus por meio de ameaça de violência, forçando nosso motorista a parar para não ser morto. Três deles estavam no nosso veículo. Do lado de fora, vários empunhavam metralhadoras e armas de diversos tipos apontadas para nós. Dava para sentir a morte pairando no ar, pois a qualquer instante poderia estourar um tiroteio que levaria a um banho de sangue. Muitos dos nossos companheiros, também passageiros do ônibus, estavam portando armas escondidas. O país que atravessávamos enfrentava uma sangrenta guerra civil e, pelo alto nível de vulnerabilidade e perigo, muitos cidadãos comuns carregavam armas para tentar garantir a segurança pessoal e a de sua família.

Era comum os guerrilheiros, em nome de financiar a facção armada pela qual lutavam, roubarem viajantes nas estradas das montanhas. E tínhamos sido informados que muitas vezes eles matavam todas as vítimas nesses assaltos.

O pastor Scott Hamilton, meu amigo de infância, estava comigo nessa viagem missionária. Vendo o perigo iminente, comecei a orar fervorosamente, porém de forma silenciosa. O momento era de tensão, perigo e morte quase palpável no ar. Os passageiros do ônibus a qualquer instante poderiam iniciar um fogo cruzado ali. Nós estávamos bem no meio do conflito.

Sentado perto de nós estava uma senhora baixinha, de certa idade, e bastante simpática. Ela tinha cabelos grisalhos e aparentava ser mãe e avó. Ao entrarmos no ônibus, no início da jornada, ela começou a conversar conosco, e logo percebi que tinha um espírito materno que era confortador. Ela explicou sobre o seu país, fornecendo-nos dicas e informações.

Seu espírito protetor, do tipo que ajuda e cuida dos outros a sua volta, nos ajudou no início da nossa viagem, antes de partirmos da rodoviária, a nos livrarmos de vendedores que insistiam com o pr. Scott tentando forçá-lo a comprar diversos produtos. Percebendo que ele estava ficando frustrado, e que ao mesmo tempo era meio tímido para resolver sozinho a situação incômoda, essa senhora veio ao socorro dele e mandou os indesejados mercadores deixá-lo em paz. Ela falou com tanta firmeza e autoridade que instantaneamente todos pararam de aborrecê-lo. Seu jeito era o de uma mãe mandando um filho mal-

-comportado se endireitar. Por isso eles obedeceram sem argumentar.

Estávamos cercados por homens perigosos e, nesse momento tão precário e aterrorizante, vi algo fascinante acontecer. De repente, dentro do ônibus, nossa amiga, a mãezinha, ficou em pé e deu um passo em direção ao chefe dos guerrilheiros. A menos de um metro e meio de distância de mim, eu a vi confrontar um homem cruel e frio, que com certeza tinha levado muitas pessoas a morte.

Ela parou na frente do soldado alto, forte e armado, mesmo tendo pouco mais de um metro e cinquenta de altura, olhou para o rosto dele e, num ato de extrema coragem, apontou o dedo e começou a falar num espanhol muito rápido, numa voz estridente, porém confiante: "Como ousa nos tratar desse jeito, rapaz? Não fizemos nada com vocês, e não merecemos esse tratamento vergonhoso!". Após dizer mais algumas coisas nessa mesma linha de raciocínio, ela deu o golpe fatal quando disse: "Você não tem mãe? Ela não parece um pouco comigo? Você trataria sua mãezinha desse jeito, menino? Que vergonha!".

Confrontado assim, o guerrilheiro brutal e normalmente sem misericórdia, abaixou a cabeça, sem dúvida lembrando-se da mãe que o havia criado. Meio tímido e envergonhado, ele desceu do ônibus e deu ordens aos soldados para que nos deixassem partir em paz! Nunca vi coisa igual!

O que não podia ser feito por força de vários homens sem derramar muito sangue, essa mãezinha fez sozinha, e sem ninguém se machucar. Se eu ou qualquer outro passageiro do sexo masculino tivesse resistido, o resultado teria sido trágico. Mas sem levantar um dedo violentamente, com meras palavras, gestos e olhares, aquela mãezinha fez praticamente o impossível, libertando todos do perigo.

Depois dessa experiência, compreendi a tremenda influência que as mães têm nesse mundo. Eu tinha acabado de presenciar uma prova real e inegável do poder que uma mãe poder exercer através do que passamos na América Central, no meio de uma terrível guerra. A influência de uma pequena mãe foi contrastada com a força de balas e violência, e ela saiu vitoriosa!

Ser mãe, no nível natural, é algo tremendamente especial. Deus faz algo sobrenatural dentro delas quando estão grávidas de um filho. Por mais que os evolucionistas queiram baratear esse processo e nos fazer descer ao nível dos animais, todos os que têm fé em Deus sabem que somos muito mais que animais. Somos seres feitos à imagem e semelhança do próprio Criador! Diferentemente dos animais, temos um espírito, que vem pelo sopro de Deus em nós.

A colocação de um espírito eterno no ser humano não é algo que aconteceu apenas na criação de Adão e Eva. O fato é que esse milagre acontece dentro de cada mulher que fica grávida. Olhe o que está escrito em Jó

31.15, comprovando esse ponto: "Aquele que me fez no ventre materno não os fez também? Não foi ele que nos formou, a mim e a eles, no interior de nossas mães?".

Nessa passagem temos a confirmação de que acontece o sobrenatural dentro dos ventres das mães: É Deus que nos forma lá dentro, durante a gestação! Isso marca de forma especial a vida das mulheres, pois dentro delas é possível o sobrenatural acontecer. O papel delas na família e no mundo é especial e único.

Mais uma vez, em Salmos 139.13, a Palavra de Deus fala através do rei Davi desse processo tão singular e extraordinário que acontece dentro das mães: "Tu criaste o íntimo do meu ser e me teceste no ventre de minha mãe". Com esse texto podemos entender que a mão do Senhor está no ventre das nossas mães, pois ali Ele cria o nosso íntimo, isso é, nos faz ser quem somos e literalmente nos tece. Que privilégio as mães têm de fazer parte do processo sobrenatural de Deus, trazendo uma vida diferente e única, colocando dentro de cada bebê uma alma e um espírito eterno!

É algo profundamente espiritual, e ao mesmo tempo místico, aos olhos naturais, o que Deus faz dentro das mamães. E além desse papel incrível que Deus lhes dá, elas são dotadas de uma influência profunda e poderosa na vida de seus filhos. O pai tem uma importância enorme no processo também, mas focando na vida das mulheres, vejo que a forma como podem impactar para o bem a vida dos filhos é incontestavelmente crucial e de grande significância e consequência.

A boa mãe tem uma voz na vida dos filhos para o resto da vida. Até Jesus ouvia e respeitava os pedidos de sua mamãe, Maria, mesmo na vida adulta. Vejamos um exemplo forte dessa influência, no relato do primeiro milagre de Jesus. A história com certeza é intrigante.

Em Caná da Galileia, Jesus e seus discípulos foram convidados para um casamento, juntamente com sua mãe e familiares. Ele ainda não tinha feito nenhum milagre, e estava bem no início do seu ministério terreno. Jesus não foi convidado como pregador ou profeta, mas para participar do evento com seus discípulos. E por mais que não saibamos exatamente de quem era o casamento, pelo contexto e pelo nível de responsabilidade que a mãe de Jesus havia assumido para a manutenção do bem estar dos convidados, podemos deduzir que era de alguém bem próximo a eles: um parente ou amigo de infância. E vejamos que Maria tinha autoridade no evento, pois, em seguida, deu ordem aos serviçais para que fizessem qualquer coisa que Jesus mandasse, deixando ainda mais certo que o casamento era de alguém bem chegado à família de Jesus.

Nesse momento o dilema aconteceu. Algo que seria de certa forma uma ameaça para o sucesso do evento, fez a mãe de Jesus entrar em cena para ajudar a resolver o problema. Mas qual era esse problema tão sério? O vinho tinha acabado durante a festa, bem antes de o evento terminar! Mas quando abordado por sua mamãe, a resposta de Jesus foi no mínimo inusitada e enigmática. Ele virou para sua querida mãe e disse: "Que temos nós em comum, mulher? A minha hora ainda não chegou" (Jo 2.4).

O que Jesus quis dizer com isso? Era uma falta de respeito para com sua mamãe? Jamais! Ele de fato estava dizendo: "Mãe, aqui e agora não é a hora de eu começar a fazer milagres no meu ministério. Certamente esse tipo de milagre não é o meu foco". Mas por ser sua mãe e ter influência sobre a sua vida, Jesus cedeu ao pedido e realizou seu primeiro milagre.

Até na vida do Senhor e Salvador Jesus Cristo uma mãe teve grande influência! Ele atendeu a solicitação dela mesmo dizendo que não era a hora de fazer algo assim, e que esse tipo de coisa não tinha nada a ver com Ele. Mas essa é exatamente a incrível influência das mães sobre os filhos! Ao pedido de Maria, Jesus mudou os planos e a atendeu apenas para agradá-la e não deixar a festa acabar mal. Por causa desse pedido o primeiro milagre do Senhor Jesus aconteceu e, de acordo com João 2.11b, descobrimos que serviu a um grande propósito no reino espiritual, pois Jesus "revelou assim a sua glória, e os seus discípulos creram nele".

O livro de Provérbios contém um imperativo para todas as pessoas que desejam viver uma vida abençoada e sábia: "Ouça, meu filho, a instrução de seu pai, e não despreze o *ensino de sua mãe*" (Pv 1.8).

Minha mãe me ensinou inúmeras lições básicas e importantes da vida. Com ela aprendi a colocar em prática muitos princípios essenciais da Palavra de Deus. Aprendi a orar sobre os meus problemas do dia-a-dia, a respeitar os outros, a manter a higiene pessoal, a apreciar museus e cultura, entre mil outras coisas.

Meu pai teve participação e influência importante na minha criação? A resposta é: absolutamente sim. Mas o ensino da minha mãe trouxe outro ângulo e aprofundamento a muitas lições da minha infância. Ela ensinou a mim, a meu irmão Len e a minha irmã Rebecca a termos compaixão, a apreciar a beleza, a sermos delicados e sensíveis na hora certa, e, ao mesmo tempo – no caso dos filhos homens – fortes e masculinos. Sem dúvida ela nos ensinou a termos um lado mais suave e intuitivo para nos ajudar a levar a vida de uma forma sábia.

Minha mãe abdicou de sua carreira profissional para se dedicar a nós. Claro que muitas mulheres se dedicam a desenvolver uma carreira secular e a ajudar nas despesas da casa. E não há nada de errado nisso. Mas quero declarar aqui, de forma contundente e ousada, a todas as mães que se dedicam em tempo integral aos filhos: Parabéns! Vocês merecem ser louvadas pelo sacrifício, dedicação e compromisso para com eles.

Nunca fiquem envergonhadas quando perguntarem o que vocês fazem e sejam obrigadas a responder: "Sou do lar", ou "Cuido da minha família". Responda com orgulho, no bom sentido, sabendo que são apreciadas e estão promovendo impacto para eternidade com o preço que estão pagando. Todas as estatísticas apontam para o fato de que os filhos que têm a mãe presente em tempo integral se beneficiam de diversas formas por esse investimento materno.

Se você é uma mãe que trabalha fora de casa, não me entenda mal. Vocês são especiais também, por causa da maneira que criam seus filhos com o amor materno e o amor de Deus nos seus corações. De forma nenhuma estou insinuando que o fato de vocês trabalharem fora do lar seja algo pejorativo ou errado. Cada um tem que agir de acordo com a direção de Deus e também ser sensível as necessidades financeiras e naturais da família. Mesmo trabalhando em tempo integral, vocês podem ser mães maravilhosas e abençoadíssimas.

Apenas quero declarar às mães que estão investindo tempo integral aos filhos e ao lar: *sejam louvadas!* Vocês estão de parabéns! Minha mãe fez isso por nós e serei eternamente grato.

A todas as mulheres que são mães, quero apenas enfatizar que vocês são tão especiais para a família e para a sociedade que simples palavras não podem conter a nossa gratidão por suas contribuições. Vocês são extraordinárias!

Por que é tão importante entender logo na primeira parte desse livro sobre o milagre e a influência de ser mãe no nível natural? Porque tem tudo a ver com a unção de ser uma mãe em Cristo Jesus, uma mãe na igreja. No próximo capítulo vou explicar sobre um dom único e singular que toda mulher tem no corpo de Cristo, que é o dom de ser mãe espiritual.

Capítulo 3

Mães espirituais

Em uma curta passagem da Bíblia, há um segredo sobre como Deus usa as mulheres que irá revolucionar a vida espiritual de muitas. Esse segredo é aplicado à todas as mulheres que estão em Cristo. O versículo bíblico que vou citar é sucinto e objetivo, porém profundo. Observe o que o apóstolo Paulo diz em Romanos 16.13: "Saúdem Rufo, eleito no Senhor, e sua mãe, que tem sido mãe também para mim".

A primeira vez que vi essa passagem, achei que era uma simples saudação de Paulo às pessoas que ele considerava queridas. E por mais que isso seja verdade, ao mesmo tempo é bem mais profundo: temos aqui uma revelação sobre o poder e influência ministerial que a mãe de Rufo exerceu sobre Paulo, pois ele mesmo disse: "que tem sido também mãe para mim". Com essas palavras ele afirma que ela, no Senhor Jesus, tinha tido o ministério de mãe espiritual para ele.

O segredo desse princípio é que, independente de ser mãe natural ou não, toda mulher que faz parte do corpo de Cristo, que tem Jesus como Senhor e Salvador, é chamada para exercer o ministério de mãe espiritual, do mesmo modo que a mãe de Rufo fez com o "grande e ungido" apóstolo. Apesar de ser um homem de Deus poderoso nas coisas espirituais, Paulo era carente de receber ministração, de ser abençoado e edificado pelos outros. Foi exatamente isso que a mãe de Rufo fez por ele.

Assim como existe o ministério de pai espiritual, que discípula e abençoa vidas pelos princípios da Palavra de Deus, há o ministério de *mãe espiritual*. Ele é fundamental e essencial para que a igreja opere de forma plena o que Deus deseja. Porém, não consigo me lembrar de ter lido nenhum livro, ou ouvido mensagens, sobre ser mãe espiritual. Pai espiritual já ouvi dezenas e dezenas de vezes. Mas mãe espiritual? No mínimo, falamos muito pouco sobre esse assunto na igreja.

Porém, é extremamente importante que cada mulher entenda essa unção e chamado que reside sobre a sua vida. Quando não entende, ela acaba ministrando de forma parcial, incompleta, sem liberar toda a unção do Espírito Santo que o Senhor quer ver acontecer.

Ser mãe espiritual não é a mesma coisa de ser pai espiritual. E graças a Deus por isso! Deus deu esses dois dons à igreja, cada um com seus distintivos abençoadores.

Infelizmente, ao não entender bem o que é ser mãe espiritual, algumas mulheres que desejam ser usadas por Deus tentam fazer isso no contexto de pai espiritual. O tom de voz, os gestos e até o jeito de andar de algumas simula a maneira de um homem ministrar. E o triste disso é que Deus fez algo profundo e maravilhoso quando criou o homem e mulher, e os fez para ministrarem de formas diferenciadas e próprias. O que é lindo e impactante é a mulher ser tudo que foi chamada para ser e fluir na unção especial que Deus deu para sua vida.

Sem dúvida, tenho sido abençoado por pais espirituais. Mas também tenho sido abençoado na mesma proporção por algumas mães espirituais que Deus tem colocado na minha vida. A mulher tem um chamado e um jeito muito especial para ministrar. O segredo está em saber ministrar como mãe em Cristo, e não como pai em Cristo. Na união das duas formas é que o corpo de Cristo é completo e plenamente abençoado.

Creio que hoje o Espírito Santo está colocando um chamado na igreja para mães espirituais que saibam fluir na unção específica que Deus lhes deu. E você é uma das que Ele está chamando!

Ser mãe espiritual incorpora as características e atributos de mãe natural, mas não é um relacionamento formado por sangue ou criação, e sim por uma unção espiritual liberada pelo Espírito Santo na vida das mulheres. É algo forjado no mundo espiritual que Deus faz acontecer num plano que não faz sentido aos olhos e percepções naturais.

Loraine Wiley era professora universitária, tinha doutorado e era muito culta e inteligente. Era também uma grande mulher de Deus, com um compromisso com o Senhor de sempre colocá-lo em primeiro lugar na sua vida. E Loraine realmente sabia o que era ser uma mãe espiritual.

Ela era negra, o que contrastava com a minha pele muito branca. Não havia a possibilidade de ela ser minha mãe natural, pois éramos fisicamente diferentes. Mas em Cristo, ela foi uma mãe para mim, do mesmo modo que a mãe de Rufo foi para o apóstolo Paulo.

Loraine era uma mulher elegante e simpática, e eu a conheci quando tinha oito ou nove anos de idade. Ela se tornou membro da igreja que meu pai pastoreava na época e, ao conhecê-la, imediatamente meu coração formou um elo com o dela. Não muito tempo depois, comecei a amá-la e a receber seus ensinamentos e bênçãos como os de uma mãe em Cristo.

Ela sempre tinha tempo para me ouvir, e me encorajava nas coisas de Deus. Foi simplesmente uma das mulheres mais especiais que conheci. Era cheia de amor. Por mais que nos Estados Unidos, naquela época, ainda houvesse muitas pessoas com corações entupidos de racismo e ódio pela cor da pele, Loraine Wiley nunca se mostrou afetada por isso. Amava todo mundo do mesmo jeito, independente da sua cor ou raça. E amava inclusive quem a tratava mal por causa da cor da sua pele. Ela perdoava e não guardava rancor. O seu coração era tão generoso e cheio de carinho e amor que foi uma inspiração para mim.

Eu amava tanto o jeito dela viver que, quando fiquei sabendo que íamos mudar para o Brasil, aos 12 anos de idade, imediatamente pedi que ela fosse nos visitar. Eu sabia que sentiria muita saudade e fiquei feliz porque ela me prometeu que iria.

Depois de quase dois anos, quando não morávamos mais no Amazonas, mas em Lagoa Santa, Minas Gerais, ela me ligou. Colocamos os assuntos em dia e ela me explicou que surgira a oportunidade de comprar uma casa própria, pela primeira vez na vida, mas que precisava escolher entre ir ao Brasil cumprir sua promessa ou fechar o negócio, já que não tinha condições financeiras de fazer as duas coisas ao mesmo tempo. Só que antes de se decidir, Loraine queria ver o que eu achava. Falei que por mais que fosse bom vê-la novamente, seria melhor que ela comprasse a casa, pois isso era muito importante para seu conforto e bem estar.

Depois, refletindo sobre a situação, me senti imensamente feliz porque ela tinha levado tão a sério a promessa de me visitar, que chegou ao ponto de não comprar a casa sem que eu a liberasse primeiro.

Anos depois, quando entrei na obra missionária em tempo integral, a primeira pessoa que se comprometeu a me ajudar financeiramente todo mês foi a minha querida mãe espiritual negra.

Ela foi uma mãe em Cristo para mim até o último dia de sua vida, e sei que quando eu também for para o céu, onde ela está hoje, poderei compartilhar todas as coisas que Deus fez através da minha vida e ministério e dizer que ela também teve participação nessa obra.

Ser mãe espiritual nada tem a ver com idade, situação econômica, nível educacional ou genética. Tem a ver com a unção de Deus que flui em sua vida, fazendo com que você seja um instrumento de bênção para outras pessoas a sua volta. Ser mãe em Cristo é um chamado para toda mulher que queira ser instrumento de edificação no meio da nossa geração.

Não me lembro da minha bisavó, mãe da minha avó paterna. Ela se chamava Rosie Lee Bunton e nasceu no ano de 1885. Morreu já bem velhinha, quando eu tinha apenas um ano de idade. Ela era famosa no meio de família e amigos por ser uma mãe espiritual para todos que estavam a sua volta.

Ela e seu marido, o padrasto da minha avó, foram obreiros numa pequena igreja da Assembléia de Deus no estado de Oklahoma, nos EUA. Viveu para abençoar, e era generosa quase ao extremo.

Minha bisavó não perdia um culto, e ajudava o pastor a ganhar almas para Jesus e a discipulá-las no seu caminho. Dava aula na escola dominical e sua casa estava constantemente aberta a todos os necessitados.

Sempre tinha mais um lugar à mesa para quem chegasse. E de acordo com meu pai e minha avó, como cozinhava bem! Os dois dizem que toda refeição na casa dela era um banquete, com a mesa cheia de todo tipo de prato que se podia imaginar.

Ela mesma plantava e colhia, na sua própria horta, perto da sua casinha, muitas das verduras que preparava.

Meu pai fala que foi impactado pelo evangelho durante as temporadas de férias passadas na casa dela, e também nas visitas regulares que lhe fazia, pois ela sempre ministrava para ele e o levava aos cultos.

Hoje, depois de várias décadas, ele continua pregando a Palavra de Deus por influência da sua vovó!

Toda manhã ela se levantava e começava o dia lendo a Bíblia e orando com seu marido, vovô Bunton.

Quando alguém adoecia, era minha querida bisavó que levava comida quente para a pessoa enferma, servindo e cuidando dela até que melhorasse.

Ela falava do seu amado Senhor Jesus para todos da comunidade. Era tão boazinha e altruísta que as pessoas a amavam profundamente.

Infelizmente não tive a oportunidade de conhecê-la de fato. Porém, ela me segurou nos braços várias vezes quando eu era bebê, ministrando as bênçãos do Senhor de forma profética sobre a minha vida.

Eu tenho certeza que algumas das coisas que Deus está fazendo comigo hoje têm raiz nas orações dessa minha querida bisavó!

Ela era um verdadeiro exemplo não somente de avó e bisavó, mas de mãe espiritual, pois além de ministrar aos da sua própria família, era uma bênção por onde quer que fosse.

Você também é chamada para ser uma mãe espiritual! E mesmo que já esteja cumprindo esse papel, ao entender de forma mais clara esse chamado, estará liberada para ir mais longe, a crescer na unção de Deus que está sobre sua vida. Deus quer usá-la de uma forma nova e mais forte do que você jamais foi usada até hoje.

Mais o que significa ser uma mãe espiritual? Quais são os principais atributos de uma mãe em Cristo? Vamos examinar alguns deles no próximo capítulo.

Capítulo 4

Atributos das mães espirituais

Agora vamos falar de alguns dos atributos específicos das mães espirituais. A lista que apresento nesse capítulo não é exaustiva nem conclusiva. Ao lê-la, com certeza Deus mostrará a você mais alguns atributos cruciais. Mas vamos começar com dez dos principais aspectos especiais das mães espirituais.

Primeiro atributo: ela ministra aos feridos

No plano natural, toda criança que se fere, 99% das vezes corre para procurar quem? Se você respondeu a mamãe, acertou! Sempre que ela cai, rala o joelho ou sofre uma contusão, procura primeiro a sua querida mãezinha. Na infância, quando acordávamos nos sentindo mal, tínhamos febre ou dor de barriga, íamos direto falar com a mamãe. Mas por quê? Porque as mães sempre dão um jeito nas feridas. E se não conseguem aliviar a dor, no mínimo fazem você se sentir melhor e oferecem conforto na hora.

No reino espiritual, um dos principais atributos de toda mãe espiritual é que ela trata os feridos. A mãe sempre encontra um jeito, sempre é focada em curar. Ela acolhe os desamparados em seu colo, trazendo fé e cura. Ela ministra a quem está machucado e para baixo, e o levanta de novo. Ela sempre põe em prática Hebreus 12.12-13: "Portanto, fortaleçam as mãos enfraquecidas e os joelhos vacilantes. Façam caminhos retos para os seus pés, para que o manco não se desvie, antes, seja curado".

A mãe espiritual vive ministrando às pessoas nos momentos mais carentes das suas vidas. Ela ama fazer isso, pois sempre vê em todo fraco e caído alguém que no futuro será forte e andará com firmeza em Jesus.

Segundo atributo: ela ouve as dores do coração com paciência

Em alguns momentos das nossas vidas, parece que o que mais desejamos é ter alguém que nos ouça. Que realmente preste atenção em nós. Vivemos num tempo em que todo mundo anda apressado, e ninguém parece dispor de tempo para parar e ouvir. Mas na infância, sabíamos que a mamãe estava ali para nos ouvir. Era ela que sempre tinha paciência para nos levar ao jogo, ao ensaio de coral e, depois, ouvir como foi tudo em cada mínimo detalhe.

E pessoas assim, que sabem ouvir, ainda são de extrema importância no corpo de Cristo. Ouvir e orar junto com quem estamos conversando é um dom. Claro que homens também são chamados para fazer isso. Mas ninguém pode contestar o fato de que esse é um dom todo especial das mães.

Uma mãe sabe ouvir e orar com a gente de acordo com a nossa necessidade. Parece simples, mas seus efeitos são profundos. Tanto é verdade que Tiago fala exatamente isso: "Portanto, confessem os seus pecados uns aos outros e orem uns pelos outros para serem curados. A oração de um justo é poderosa e eficaz" (Tg 5.16).

Hoje precisamos muitas vezes pagar psicólogos para cumprirem esse papel. Não estou aqui, de forma nenhuma, falando de forma pejorativa de psicólogos cristãos. Apenas estou dizendo que a arte de ouvir uns aos outros é algo que todos nós deveríamos praticar no nosso dia-a-dia.

Mas é certo que a psicologia sem o crivo da Bíblia ensina muitas falácias e enganos. Porém, filtrando-a à luz da Bíblia e dos princípios da Palavra de Deus, ela pode ser uma conselheira bíblica muito ungida, que é uma bênção e ajuda a trazer cura às pessoas machucadas.

Mas independente de trabalhar numa profissão desse tipo em tempo integral, cada mãe espiritual é chamada a ouvir e orar com seus filhos e filhas no Senhor. Esse é um atributo de toda mãe, e Deus quer usá-la para ajudar os membros do corpo de Cristo. Pode parecer básico e simples, mas é uma forma de toda mãe espiritual exercer influência positiva de extremo impacto no mundo em que vive e abençoar muitas vidas à sua volta.

Terceiro atributo: ela ensina com paciência

É importante o pai natural, e também o espiritual, ter paciência com o filho. Porém, parece que para nós homens é algo que precisamos batalhar muito para alcançar. Mas para as mães a paciência vem de forma mais natural. Claro que existem exceções, porque toda regra tem pelo menos uma. Mas, em geral, as mães simplesmente excedem os homens quando o assunto é paciência!

É ela que tem paciência para estar no meio da gritaria dos filhos por horas e mesmo assim pegar cada um no colo para dar mais atenção e ver o que ele está precisando. E, em Cristo Jesus, ser uma mãe espiritual paciente também é um dom que a mulher traz para a igreja.

Vivemos num mundo onde tudo parece feito para ser instantâneo. Em contraste, é refrigério para a alma quando estamos perto de alguém que não tem tanta pressa, que tem tempo para nós, que é paciente.

As mulheres têm uma queda especial, como mães espirituais, para cumprir o que está escrito em 1Tessalonicenses 5.14: "Exortamos vocês, irmãos, a que advirtam os ociosos, confortem os desanimados, auxiliem os fracos, sejam pacientes para com todos".

Como mãe em Cristo, aprenda a deixar esse fruto do Espírito fluir através da sua vida, pois será como um bálsamo para curar os feridos de alma.

Quarto atributo: ela é hospitaleira e abre sua casa e sua mesa para as pessoas

As boas mães amam compartilhar. Primeiramente compartilham com os filhos e marido e, em seguida, com o resto de sua família e amigos. Mães verdadeiramente cheias do amor de Deus dividem com os menos afortunados e carentes.

Mães espirituais são praticantes do que está escrito em Romanos 12.13: "Compartilhem o que vocês têm com os santos em suas necessidades. Pratiquem a hospitalidade". Elas têm unção e chamado para compartilhar o que possuem de forma generosa, para abrir suas casas através da hospitalidade.

Se agir dessa maneira, você será um canal de bênção, cura e salvação para as pessoas. Todas as vezes que você as recebe em casa, ganha a oportunidade de ministrar as coisas de Deus para a vida delas, porque ninguém recebe generosidade e hospitalidade sem abrir o coração para ouvir aquilo que o hospedeiro tem para falar. E é nessa hora que, ao falar do Senhor Jesus, o coração de seu hóspede estará duas vezes mais aberto para ouvi-la.

Seja uma mãe abençoada que ministra às pessoas por ser tão mão aberta e abençoadora.

Quinto atributo: ela é de confiança e discreta

Qual é o filho que não sabe que tem na sua mãe alguém que sempre está pensando no seu bem? Em quem sempre pode confiar para contar qualquer segredo ou confidência? E isso vai desde algo que traz vergonha, como fazer xixi na cama, até um acontecimento chato. Todo filho sabe que sua mamãe jamais o envergonhará.

Um dos maiores problemas que temos hoje na igreja é que, por mais saudável que seja abrir e confessar nossos pecados uns aos outros, como citei no segundo atributo, não temos pessoas nas quais possamos confiar para abrir nossos corações e compartilhar. Temos medo de, ao nos abrirmos, sermos expostos posteriormente à vergonha e ao ridículo pela indiscrição da pessoa para a qual confessamos nossos pontos fracos e pecados.

Porém, as mães espirituais sabem ouvir e são dignas de confiança. Sabem receber confissões de tentações e pecados e conduzir os filhos a Cristo para serem restaurados, sem expô-los de forma arbitrária ao vexame de se tornarem objetos de zombaria. Sabem ouvir sem fofocar e espalhar a informação confidenciada. Elas apenas entregam a Deus em oração as necessidades das pessoas.

Elas praticam o que está escrito em Provérbios 25.9-10: "Não revele o segredo de outra pessoa, caso contrário, quem o ouvir poderá recriminá-lo, e você jamais perderá sua má reputação".

Sexto atributo: elas sabem consolar e confortar

Você se lembra de quando se sentia triste, e sua mamãe cantava para você? Mesmo não sendo uma boa cantora, naquela hora, para você, aquele canto era a coisa mais consoladora e reconfortante do mundo. Quando você sentia medo do escuro, ela sabia segurar a sua mão, transmitindo segurança com sua presença, até você dormir. Quando algum valentão o ameaçava, ela sabia criar nos seus braços e colo o lugar que para você, naquele instante, parecia ser o mais seguro da face da terra.

Do mesmo jeito, mães em Cristo são chamadas para consolar e confortar os feridos. Elas têm uma empatia e simpatia que flui da compaixão de Cristo que está transbordando em suas almas. Elas vivem Romanos 12.15 na prática: "Alegrem-se com os que se alegram; chorem com os que choram".

E exatamente por termos mães espirituais que se alegram e choram com a gente é que somos confortados e consolados quando encaramos os momentos mais difíceis da vida.

As mulheres têm uma tendência muito forte para empatia, compaixão e intuição. E, quando são guiadas pelo Espírito Santo, esses atributos naturais se tornam grandes instrumentos de bênção e restauração nas mãos do Senhor.

Sétimo atributo: ela é positiva e inspira confiança

As boas mães têm o dom de nos colocar para cima. Elas sabem exatamente como elogiar na hora certa, inspirando confiança e nos fazendo crescer dentro de nossas habilidades e dons.

E as boas mães espirituais fazem exatamente isso no corpo de Cristo. Elas têm o dom de nos encorajar, nos fazer confiar em Deus e ter esperança.

Lembro-me bem de outra mãe espiritual que tive, chamada Fanny Funderburg. Fanny e seu marido Robert eram missionários e pessoas muito especiais. Os dois já estão com Jesus, e não tenho mais aqui e agora o dom da amizade deles. Mas em vida eles provocaram em mim um impacto que durará o resto do meu tempo aqui na terra.

Irmã Funderburg me inspirava confiança nos momentos em que eu mais precisava. Ela transbordava esperança em Cristo! Eu amava estar ao seu lado, pois ela me fazia sentir edificado e forte em Cristo.

O ar da glória de Deus pairava sobre o lar dessa mãezinha espiritual. Ela falava português com um forte sotaque, mas amava todos a sua volta como se fossem seus verdadeiros filhos.

O impacto que uma mãe espiritual pode provocar em nós, nos inspirando e gerando confiança e esperança, não pode ser menosprezado. É algo fundamental, e devemos reconhecer mais esse dom no corpo de Cristo. Como está escrito em Romanos 15.2: "Cada um de nós deve agradar ao seu próximo para o bem dele, a fim de edificá-lo".

Sempre reconhecemos quem canta bem, quem prega bem, quem escreve bem e quem tem certos tipos de dons. Mas precisamos nos lembrar de reconhecer e agradecer às mães em Cristo que nos fazem ir mais longe, subir montanhas mais altas e vencer mais batalhas contra o Inimigo, simplesmente por nos inspirarem!

Obrigado, Fanny Funderberg! Você está com Jesus há muitos anos, mas só de lembrar da senhora sou encorajado a crer mais, a ter mais esperança e a confiar mais no meu Senhor! Você me inspira até hoje, mãezinha!

Oitavo atributo: ela demonstra o que é um padrão de bom comportamento

As boas mães sabem que ensinamos muito mais pelo que fazemos do que pelo que falamos. Falar e ensinar é importante, mas não tem valor algum se não for acompanhado de atos que exemplificam o que é falado e ensinado.

Toda mãe que deseja ensinar etiqueta à mesa aos filhos sabe que só terá resultado se ela mesma der exemplo na hora de comer. Quando ela diz que não é para colocar o garfo que já estamos usando na tigela para pegar mais comida, tem que exemplificar isso também, ou não adiantará nada.

Se ela quer que os filhos aprendam a limpar os pés antes de entrar em casa, ela sempre terá que agir assim, para que eles possam aprender pelo exemplo. A boa mãe influencia os filhos por saber viver na prática os princípios que deseja ensinar.

Ela entende e pratica o que está escrito em Tito 2.7-8: "Em tudo seja você mesmo um exemplo para eles, fazendo boas obras. Em seu ensino, mostre integridade e seriedade; use linguagem sadia, contra a qual nada se possa dizer, para que aqueles que se opõem a você fiquem envergonhados por não poderem falar mal de nós".

Cada boa mãe espiritual entende bem esse princípio. Ninguém é perfeito, todos nós temos defeitos e pecamos. Ao falar em exemplificar a boa conduta não falo de perfeição, mas de um estilo de vida que busca, mesmo em meio a erros e acertos, dentro do possível, sempre seguir os princípios da Palavra de Deus.

As nossas mães espirituais nos ensinam a sermos sábios, não controlados pela ira, a ouvir a Deus e tantas outras coisas importantes para alcançarmos a vitória em Cristo.

Nono atributo: ela demonstra o valor de trabalhar e servir às pessoas

Toda boa mãe é serva. Ela serve aos filhos desde cedo. Atende as suas necessidades quando ainda são muito pequenos para fazer isso sozinhos. Todos nos já tivemos inúmeras vezes as nossas fraldas trocadas, os lábios limpos e a comida oferecida na boca pelas nossas mães.

As nossas mães naturais nos servem com muito amor e carinho. Elas trabalham muito para nos criar com sucesso. Mesmo quando acompanhadas de maridos dignos e corretos no processo de criar os filhos, ainda lhes é reservado um papel de extrema importância.

A forma como abdicam de tantas coisas que gostam de fazer, apenas para nos servir e criar de forma abençoada, serve como exemplo para todo o corpo de Cristo. Quantas vezes elas abrem mão de desejos próprios e sonhos pelo bem dos filhos?

E a mãe espiritual tem uma função similar: ela sabe nos ensinar na prática a trabalharmos e servimos uns aos outros no Senhor. Não é apenas tarefa dela trabalhar e servir. Todos nós devemos agir da mesma maneira. Mas a mãe em Cristo pode ser uma grande ferramenta nas mãos do Senhor para ensinar a todos essa crucial verdade.

Em Cristo Jesus somos chamados a ser servos. Primeiro, somos conclamados a servir a Deus, quando o aceitamos como Senhor e salvador.

Mas, em seguida, somos chamados a servir uns aos outros também, como está escrito em Gálatas 5.13: "Irmãos, vocês foram chamados para a liberdade. Mas não usem a liberdade para dar ocasião a vontade da carne; ao contrário, sirvam uns aos outros mediante o amor".

Na família de Deus a bênção é servir. E sou muito grato a algumas mães em Cristo que têm demonstrado e me ensinado o verdadeiro significado do que é ser altruísta, se doar e fazer sacrifícios em benefício dos outros. Sabemos que receberemos galardão por todas as boas sementes que semearmos no Reino de Deus.

As mães espirituais que nos ensinam essa valiosa lição terão grande recompensa no Céu! Sou grato às mães em Cristo por ensinarem tão grande lição a nós.

Décimo atributo: ela tem prazer em ver você se desenvolver e não é insegura

A boa mãe ama ver os filhos crescer, cultivar e progredir em seus talentos e habilidades. Ela é segura de si e sabe como ajudar a amadurecer e avançar.

Uma mulher que tem se tornado uma mãe espiritual e mentora para mim nos últimos anos se chama Freda Lindsay. Ela é, junto com seu marido, cofundadora de um ministério maravilhoso chamado *Christ For The Nations*. Seu marido morreu aos 67 anos de idade, quando ela tinha apenas 56. Freda sofreu um baque com essa perda.

Mas em vez de se sentir para baixo e derrotada, encarou o desafio. Freda foi chamada pela diretoria a assumir a presidência daquela organização e, em seguida, conduziu uma fase de grande expansão e crescimento do ministério.

Ela se apropriou da visão e do sonho que tinha primeiramente nascido no coração do seu marido, Gordon Lindsay, e depois se tornado seu próprio sonho, e foi sendo usada por Deus para transformá-lo em realidade.

Mas Freda agiu assim tendo sempre pessoas fortemente usadas por Deus ao seu lado. Ela liderou aquele ministério como uma mãe espiritual. Sabia que eles haviam tido um pai espiritual e mentor ali, e tinha a confiança e segurança em Cristo de não tentar substituí-lo, mas de ser uma abençoada e inspiradora mãe espiritual para todos.

Ela sabia quem era em Cristo, e que seu papel era de encorajar, instigar e motivar cada membro da equipe a fazer o seu melhor.

Debaixo da sua direção, mesmo sem Freda saber cantar, a equipe de louvor impactou a nação e teve um papel importante nas mudanças radicais na área de louvor e adoração dos EUA e ao redor do mundo.

O fundador da *Hosana/Integrity Music* disse que foi inspirado a começar sua empresa pelo impacto que o ministério de louvor do *Christ For The Nations* provocou em sua vida.

Tive o privilégio de enviar uma jovem líder de louvor para estudar lá, e ela também voltou para o Brasil transformada pela experiência. O nome dela é Ana Paula Valadão.

Mesmo não sabendo tocar um instrumento musical, ou liderar o louvor com um microfone na mão na frente da congregação, Freda soube inspirar e encorajar como ninguém as outras pessoas.

Por saber desenvolver bem seu papel de mãe espiritual, que impulsiona os filhos, ela tem feito aquele ministério impactar o mundo fortemente.

Certa vez, o pastor Benny Hinn disse que em todos os países do mundo em que esteve fazendo cruzadas, sempre encontrou ex-alunos do *Christ For The Nations* em papéis de forte liderança nacional.

Quando estudei nesse abençoado seminário não tive muito acesso a Freda. Porém, mais ou menos 15 anos atrás, Deus me deu a oportunidade de estar muito próximo dela e de tê-la como mãe espiritual. Ela sempre tem me encorajado e inspirado a fazer o meu melhor.

As boas mães agem assim. Elas são seguras de si mesmas, não precisam disputar espaço ou destaque e sabem simplesmente ser instrumentos para ajudar os filhos a amadurecer e fazer o seu máximo.

Obrigado, Freda Lindsay, por ser essa mãe espiritual tão motivadora e inspiracional na minha vida! Obrigado a todas as mães espirituais por suas contribuições tão maravilhosas no corpo de Cristo.

Você, mulher que está lendo esse livro, pode pedir a Deus para fazê-la ser cada vez mais a mãe espiritual que foi destinada a ser. Deus tem um projeto lindo para sua vida, para ser bênção para todas as pessoas ao seu redor.

Capítulo 5

O segredo das irmãs

Amei minha irmãzinha Rebecca desde o dia em que ela nasceu. Eu a segurava em meus braços, com meus cinco anos de idade, na maior felicidade. Até tive coragem de ajudar a trocar a fralda dela, tarefa que não é nada fácil. Eu e meu irmão mais velho, Len, viramos seus protetores pessoais. Ninguém podia nem olhar de cara feia para nossa irmãzinha sem se ver conosco. Lembro-me do dia em que eu e o Len até a salvamos, quando ela caiu na piscina e nós vimos a tempo de resgatá-la, antes que se afogasse.

Porém, mesmo amando minha irmã, admito que não soube ser de imediato seu amigo. Durante a infância, eu era o ombro forte para ela chorar, as costas para carregá-la, e várias outras coisas. Mas não posso dizer que sabia de fato ser seu amigo. E creio que Rebecca não soube ser minha amiga também, durante os vários anos que se seguiram.

A amizade entre meu irmão e eu era fácil e automática. Éramos os filhos homens, tínhamos muitas coisas em comum e entendíamos um ao outro de forma natural. Fazíamos tudo juntos, desde cedo, e éramos bons amigos. Como irmão mais velho, ele me ensinava muitas coisas, e eu o respeitava.

Mas com minha irmãzinha Rebecca era outra história. Nossa amizade foi conquistada com o tempo e com o aprendizado mútuo. De forma nenhuma era automática ou garantida. Parece que havia uma parede nos dividindo, até ela chegar aos 11 anos de idade e eu aos 16.

Nessa época, fui convidado a pregar pela primeira vez na igreja, num culto para adultos, na igreja do meu então pastor, Severino Correa Filho. Pastor Severino era, e ainda é, um homem de Deus. Ele depositava muita confiança em mim, e viu a unção do Senhor que estava sobre a minha vida.

Nessa primeira pregação ministrei sobre o batismo do Espírito Santo. Rebecca, meu melhor amigo Ronaldo, e Edna, uma irmã que estudava na escola bíblica onde morávamos, estavam entre as 12 pessoas que vieram à frente para receber o poder do Espírito. Todos receberam, e foi uma noite poderosa, com um derramar da presença de Deus tremendo. Edna hoje tem um ministério poderoso, e é grandemente usada por Deus na obra em Roraima.

A partir daquele dia, meu relacionamento com minha irmãzinha mudou completamente. Tornamo-nos amigos de fato e, aos poucos, fomos aprendendo a dialogar um com o outro. Rebecca começou a me ver como um mentor espiritual e sempre me procurava com perguntas sobre as coisas de Deus.

Nossa amizade cresceu tanto que, quando nos tornamos jovens adultos, dividimos um apartamento por quatro ou cinco anos. Viramos os melhores amigos um do outro, e éramos próximos em tudo. Eu me abria com ela, e contava tudo que se passava comigo. Ela se abria comigo do mesmo jeito.

Com o passar do tempo, minha irmã cursou o seminário *Christ For The Nations*, da mesma maneira que eu tinha feito alguns anos antes. Pouco tempo depois, ela se tornou uma missionária abençoada. No dia em que decidiu aceitar o pedido de casamento de Paul Perry, seu amigo de longa data, veio me contar toda feliz e me pediu para realizar o seu casamento, juntamente com nosso pai. Aqueles foram tempos muito felizes.

Quanto mais minha irmã crescia nas coisas de Deus, mais eu e ela nos tornávamos aliados, pois tínhamos mais e mais a falar um para o outro sobre as coisas espirituais. Rebecca me ensinou múltiplas lições sobre as mulheres. Claro que não posso me considerar um perito no assunto, mas devo dar a ela o principal crédito pelas noções que tenho. Ela sempre me ensinava o ponto de vista feminino, e eu fazia o mesmo com ela em relação ao ponto de vista masculino.

Rebecca me ensinou o tremendo valor de ter uma irmã. Ela era carinhosa, sensível, cheia de compaixão, positiva e estava sempre feliz e alegre. Ela partiu dessa terra há alguns anos, indo estar com Jesus. Mas sua influência permanece comigo até hoje. Minha felicidade é que eu sei que um dia irei encontrá-la de novo. Então, vou poder contar tudo o que tem acontecido nesse tempo que permanecemos distantes um do outro. Sinto uma tremenda falta de Rebecca, mas estou feliz em saber que ela está num lugar melhor do que eu, junto a Jesus. Mas o que ela me ensinou, como minha irmãzinha, ficará comigo para sempre. E sou eternamente grato por isso! Ela não somente foi uma irmã natural para mim, mas também minha irmã em Cristo Jesus.

Paulo escreve a Timóteo, em 1Timóteo 5.1-2: "Não repreenda asperamente o homem idoso, mas exorte-o como se ele fosse seu pai; trate os jovens como a irmãos; as mulheres idosas, como a mães; e as moças, como a irmãs, com toda a pureza". O apóstolo nos revela um segredo sobre a maneira que devemos tratar as mulheres no corpo de Cristo, e podemos interpretar o inverso também, ou seja, como as mulheres devem se comportar, quais os modelos relacionais devem exemplificar.

O apóstolo fala aqui de dois tipos principais de relacionamento da parte das mulheres no corpo de Cristo: a de irmã e de mãe espiritual. E qual a diferença entre esses dois relacionamentos na igreja?

A mãe espiritual é alguém que, pela idade natural, ou pela maturidade em Cristo, se relaciona com pessoas mais novas fisicamente, ou novatas no Senhor, através de um crivo de mãe para filho ou filha. Uma mulher madura em Cristo, que ganha alguém para Jesus, se torna mãe espiritual, independente da sua idade natural. E as senhoras de mais idade, salvas em Jesus, têm um chamado para serem mães espirituais dentro do corpo de Cristo.

A diferença entre as duas é que a irmã espiritual não se relaciona com as outras pessoas de uma posição de autoridade hierárquica, de cima para baixo, mas ministra e fala do ponto de vista de uma companheira em Jesus. A irmã ministra e fala lado a lado.

Mas precisamos tanto da mãe quanto da irmã em Cristo Jesus no nosso meio. Como já compartilhei, tenho tido o privilégio de ter algumas mães espirituais que têm provocado grande impacto na minha vida, e sou muito grato por isso.

Mas também posso declarar de forma confiante que o papel da irmã em Cristo é fundamental para que a Igreja do Senhor possa fluir em toda a sua unção e chamado. Nós precisamos de mulheres que entendem bem o que é ser irmã espiritual e exercem de forma livre e significativa esse dom em nosso meio. E uma mulher pode ser, de acordo com o contexto, uma mãe espiritual para alguns e, para outros, agir no papel de irmã em Cristo.

Em muitos sentidos, tanto ser mãe espiritual quanto irmã espiritual têm similaridades e atributos afins. Mas a forma como o dom é exercido é diferente, com pequenas discrepâncias, mais em relação a forma de abordagem. A mãe fala de sua sabedoria e tem influência e autoridade maior para falar. A irmã compartilha e encoraja de forma mais linear, a nível relacional.

A irmã em Cristo é aquela que sempre traz um conselho amigo na hora certa. Ela sempre está disposta a ouvir, e é ótima para apoiar e auxiliar em tudo e em todo lugar que sua ajuda é necessária.

Ela é uma guerreira de oração, e sabe interceder pelas necessidades dos outros no seu quarto ou no local onde realiza seu momento a sós com Deus. Tem um coração cheio de compaixão, e quer ser um humilde instrumento nas mãos do Senhor para abençoar vidas a sua volta. É o tipo de pessoa que está sempre servindo e procurando formas de aliviar as cargas da família, dos amigos e dos vizinhos. A irmã espiritual é alguém que carrega uma grande humildade, e tem prazer em estar atrás da cena, sem procurar glória ou status para si mesma.

A irmã abençoada é alguém que ama ver os outros alcançarem vitória e sente uma alegria muito grande quando os vê alegres e felizes. Ela não dita, compartilha; não impõe, mas encoraja e influencia para o bem. Seu tom é amável e tem prazer em ver as pessoas edificadas na rocha que é Jesus.

As boas irmãs sabem também vigiar o que sai de suas bocas, para serem veículos de edificação nas vidas das pessoas. Suas palavras são sempre para alegrar e inspirar. Elas não fofocam e são muito leais e circunspectas sobre o que falam. Trazem satisfação e contentamento por onde quer que passem.

A igreja do Senhor Jesus em nossos dias precisa de mulheres que saibam ser irmãs abençoadoras e instrumentos de coesão. Minha irmã Rebecca tinha o dom de ajuntar as pessoas. Ela sabia apaziguar diferenças e promover paz, harmonia, unidade e concordância para qualquer grupo. E todas as irmãs espirituais são boas em fazer exatamente a mesma coisa.

As irmãs são a cola que nos ajuda a permanecer juntos. São as amigas que nos ensinam a sermos amigos. Elas são altruístas e sabem nos influenciar para fazermos o mesmo que Jesus, nos entregando uns pelos outros no corpo de Cristo. Elas são peças de extrema importância para que a igreja chegue a ser aquela noiva do Senhor sem mancha nem ruga, que Ele virá buscar um dia.

Você tem o chamado para ser uma irmã em Cristo? Peça a Deus agora para usá-la cada vez mais no padrão de uma irmã abençoadora. Deus a usará de forma nova para ser um instrumento de bênção de transformação em nossa geração. Seja a mulher que Deus chamou para ser, no poder, na unção e na alegria que só o Espírito Santo de Deus pode derramar no seu coração!

Capítulo 6

Como Deus usa as mulheres

Nesse último capítulo, quero falar sobre como Deus usa as mulheres na igreja para ministrar. Minha intenção não é entrar em muitos detalhes e cobrir o tópico de uma forma exaustiva ou contundente. Quero falar de forma sucinta e específica sobre a forma que Deus usa as mulheres.

O Espírito Santo opera de uma maneira muito especial através da vida das mulheres para ministrarem. E ela é diferente da maneira que Deus usa os homens. Como já falei no primeiro capítulo, homens e mulheres são de igual valor para o Senhor. Mas eles são diferentes entre si, e isso faz parte do propósito de Deus para as mulheres.

E graças a Deus por isso, pois diversidade traz enriquecimento e crescimento. O conformismo quebra o espírito e a razão para a qual fomos criados.

Vemos isso exemplificado na própria ilustração da igreja como corpo, onde cada membro é diferente mas, somado aos outros, traz coesão e unidade de propósito. E é exatamente nessa linha de raciocínio que as mulheres são, sim, diferentes dos homens, e por isso mesmo é maravilhoso.

Em Atos 16 encontramos uma mulher que foi instrumento fundamental e pedra de alicerce para fundar a igreja dos filipenses. Observe o que está escrito nos versículos 13 a 15:

> "No sábado, saímos da cidade e fomos para a beira do rio, onde esperávamos encontrar um lugar de oração. Sentamo-nos e começamos a conversar com as mulheres que haviam se reunido ali. Uma das que ouviam era uma mulher temente a Deus chamada Lídia, vendedora de tecido de púrpura, da cidade de Tiatira. O Senhor abriu seu coração para atender à mensagem de Paulo. Tendo sido batizada, bem como os de sua casa, ela nos convidou, dizendo: 'Se os senhores me consideram uma crente no Senhor, venham ficar em minha casa'. E nos convenceu."

E, agora, veja o versículo 40 do mesmo capítulo: "Depois de saírem da prisão, Paulo e Silas foram à casa de Lídia, onde se encontraram com os irmãos e os encorajaram. E então partiram".

A parte primaz e o coração dessa história é que Deus levantou uma igreja em Filipos, pelo ministério do apóstolo Paulo com Silas, usando uma mulher chamada

Lídia. Ela não somente cedeu sua casa a Paulo e Silas, como também foi a base da igreja que se formou ali (v. 40).

Outro fator interessante é que Lídia também levou toda sua casa a aceitar Jesus. Ela era uma empresária influente na região, e obviamente próspera, e possuía uma habilidade natural para influenciar as pessoas. Agora a vemos usando esse seu dom de liderança e influência para ajudar a levantar a igreja de Filipos.

A participação de Lídia foi estratégica para que a obra de Deus fosse realizada na sua cidade. Paulo e Silas ainda mostraram uma naturalidade em aceitar sua ajuda e apoio. Sua casa virou um local acolhedor para a igreja nascente se fundamentar.

As mulheres têm um dom de construir um lar. Dizem que o homem ergue a casa, mas a mulher constrói o lar. E Lídia usou a habilidade que tinha para acolher como alavanca para sua cidade ser tocada pelo evangelho.

As pessoas que dizem que os judeus não tratavam bem as mulheres nunca leram com muita atenção as Escrituras. A mulher em Israel tinha um papel de honra e influência. É verdade que na história da humanidade muitas culturas as trataram mal. Mas nunca os judeus, pelo menos quando estavam andando próximos ao Senhor Deus e seguindo seus princípios e preceitos.

Temos um exemplo prático e ao mesmo tempo fascinante do que estou falando na vida de Débora, no livro de juízes. Vejamos primeiro que a Bíblia, com extrema naturalidade, fala que ela era uma profetisa. Não há nenhuma apologia, defesa ou explanação extra do fato. O texto simplesmente diz que ela era uma profetisa, como se fosse algo normal e aceitável.

Certamente, pelo contexto do Antigo Testamento, podemos dizer que isso era uma exceção. Mas ao mesmo tempo, ninguém se opôs ao fato de ela ter adquirido tanta influência. E a Bíblia continua dizendo, também de maneira muito natural, que Débora "liderava Israel naquela época".

Assim, vemos que os judeus aceitavam completamente que uma mulher os liderasse naquele momento. Mas por que aceitavam com tamanha naturalidade, quando sabemos que não era normal uma mulher liderar Israel?

O segredo está em uma declaração de Débora, que pessoalmente acho intrigante, e tem a ver com a mensagem principal desse livro. Débora não tentou liderar Israel como homem. Ela não tentou usurpar ou incorporar o jeito de um homem, pois era uma mulher.

Preste atenção no que ela disse em Juízes 5.7: "Já tinham desistido os camponeses de Israel, já tinham desistido, até que eu, Débora, me levantei; levantou-se uma mãe em Israel".

Você prestou atenção ao que ela disse? Que *levantou-se uma mãe* em Israel! Ela entendia bem o segredo de que a mulher é chamada a ministrar como mãe, nunca como pai.

Uma mãe tem sua maneira toda própria de agir, e Débora liderou a nação assim. E como mãe, soube dar espaço a homens fortes no seu projeto de restauração da paz em Israel.

Deus a usou no chamado de Baraque para levantar dez mil homens para guerrear contra o inimigo, que tinha mais força e era mais poderoso. Agindo dessa maneira, ela cumpriu seu papel de mãe sem competir com Baraque, mas apenas oferecendo apoio e encorajamento.

Como mãe, ela sabia que não precisava disputar nada com os homens, e que simplesmente tinha de agir como mãe em Israel. Precisava apenas nutrir e encorajar, e nunca disputar espaço.

As mulheres sábias que ministram na unção de mães espirituais entendem esse princípio e são peças que promovem apoio mútuo e unidade. Elas sabem que há espaço para todo mundo na família de Deus. Elas agem como Débora, motivando e levantado o ânimo das pessoas para conquistar grandes vitórias.

Pelo esforço de Débora, a terra teve paz por mais 40 anos, e com certeza essa paz durou até após a sua morte. E assim como houve a unção de uma mãe em Israel, você pode ser um instrumento de paz e graça no meio da igreja e da sociedade.

A mulher é chamada para ministrar e ser bênção no corpo de Cristo como mãe e irmã.

Uma das mulheres que mais marcou minha vida até hoje chamava-se Ethel Hooke e era profetisa, assim como Débora. Ethel era uma missionária escocesa, baixinha, que tinha um forte sotaque inglês da região norte da sua ilha natal, a Grã-Bretanha, na Escócia, que fica exatamente ao norte da Inglaterra. Seu apelido era Hookie, e era assim que ela gostava de ser chamada.

Eu a conheci na minha infância, quando meu pai pastoreava uma igreja em Fresno, na Califórnia. Todo ano ela vinha passar várias semanas conosco, ministrando na igreja.

As conferências especiais naquela época não duravam três ou quatro dias como hoje, mas continuavam todas as noites, muitas vezes durante semanas sem intervalo.

Confesso que como filho de pastor, e por essa condição obrigado a estar em todas as reuniões, nem sempre eu ficava feliz com esses eventos especiais. Muitas vezes eu achava esses congressos e os pregadores entediantes, e era difícil me focar no culto.

Mas isso jamais acontecia nas ministrações de Hookie! Ela tinha uma unção que quase nunca vi igual na minha vida! Eu amava estar em cada culto, a cada ano, quando ela vinha ministrar em nossa igreja.

Hookie era uma muito especial, uma grande mulher de Deus. E o seu principal segredo ministerial era que ministrava exatamente na unção de mãe espiritual. Ela emanava a presença de uma abençoada mamãe em Cristo. Se Hookie tinha um metro e cinquenta centímetros de altura era muito, mas no Espírito Santo de Deus ela era uma grande mulher!

Hookie tinha um dom de profecia e revelação que eu quase nunca vi igual. Às vezes, Deus revelava para ela tudo sobre a vida de alguém. E até em coisas corriqueiras esse dom era ativo.

Um dia, ela estava sentada conversando com um irmão, compartilhando sobre como Deus age em nosso meio e como ouvir sua voz, quando parou por um instante e disse: "Por favor, atenda a sua porta". Eles estavam assentados longe da janela, e o irmão disse: "Mas Hookie, ninguém bateu na porta".

E ela continuou: "Por favor, atenda, pois alguém está trazendo um pacote importante para me entregar". Ele levantou e andou pelo corredor até chegar à porta da frente. Assim que abriu, alguém estava na calçada e tinha nas mãos nada menos do que um pacote para irmã Hookie! Até nas pequenas coisas ela operava sob unção sobrenatural.

Eu a vi sendo usada assim inúmeras vezes e, pessoalmente, Hookie teve um impacto profundo na minha vida. Ela era legítima e nunca entregava profecias falsas. Hookie já era uma senhora de idade nessa época e conhecia o Senhor há décadas. Mas a fome que tinha no coração pelas coisas de Deus era insaciável: sempre queria mais e mais de Deus.

Eu me lembro que o corinho que ela mais amava cantar dizia: "Ele só começou agora a mover de novo em nossa geração. E por mais que tenha feito grandes coisas, ainda fará coisas muito maiores. Então, levante seus olhos e enxergue uma nova visão, porque o nosso Senhor está somente começando".

Aquela música era simples, mas profunda. E Hookie pegava o microfone do líder do grupo de louvor, da qual eu com meus 11 anos já era integrante, pois tinha virado baterista, e começava a liderar o canto dessa música.

A unção nessa mãezinha espiritual escocesa era tremenda. E agora, décadas depois, ainda me lembro do poder do Espírito Santo naqueles momentos como se fosse ontem.

Hookie era uma mulher poderosa em Deus de verdade. Uma vez, um homem levantou durante o culto e, publicamente, começou a zoar e zombar dela, amaldiçoando o nome santo do Senhor.

Hookie virou para ele e disse: "O Senhor Deus não irá tolerar sempre o comportamento do homem, e hoje à noite, o juízo de Deus será feito e conhecido, e você será despedaçado pela visitação dele".

O homem riu de novo, e saiu da igreja. Ele andou três quarteirões e foi atropelado com tanta força por um carro que seu corpo literalmente ficou em pedaços. Com Deus não se brinca! Hookie era uma mulher que vivia no sobrenatural.

Um pastor que é grande amigo meu, Sam Mushegan, e sua esposa, Sandy, foram discipulados no ministério pela irmã Hookie. Pastor Sam me apoiou muito quando eu estava começando, e sempre me convidava para pregar em eventos na sua igreja, a partir dos meus 19 anos de idade.

Pedi que ele me contasse algumas histórias da irmã Ethel Hooke, e por mais que eu soubesse que ela era uma grande mulher de Deus, o que ouvi era nada menos do que tremendo por causa da demonstração do poder do Senhor nesta serva.

Leia o testemunho do pastor Sam:

"Conheci a irmã Hooke no ano de 1956, quando ela estava ministrando numa conferência em Fresno, na Califórnia. Minha mãe me levou ao evento por que eu estava com a doença de Bright, e o meu médico, dr. Sharp, tinha me dado de três meses a um ano de vida. Na época, não havia cura para a minha doença. No seu estado crônico, essa doença destrói o fígado, fazendo com que não seja possível mais filtrar nitrogênio do sangue. No nível natural, eu tinha sido desenganado pelos médicos e minha morte era tida como certa.

No dia do culto a igreja estava lotada. Eu estava com 14 anos e tinha ido a igreja apenas por causa da insistência da minha mãe. Naquela noite a irmã Hooke veio falar comigo. Disse que eu não estava pronto para receber a cura e que precisava ir para casa e aceitar o Senhor como meu salvador primeiro. Eu sabia que não tinha muito escolha. Se não aceitasse ao Senhor e me submetesse a sua vontade, estaria morto em breve. No dia seguinte, me entreguei ao Senhor Jesus e fui salvo.

Em seguida, na sexta-feira à noite, voltamos ao congresso da irmã Hooke. Deus estava agindo ali de forma maravilhosa. Assim que Hookie orou por mim, tive uma tremenda confiança e paz de que algo tinha acontecido.

Na segunda-feira seguinte fui para o compromisso semanal com o meu médico. Em vez de fazer um teste, ele fez dois. Então, me pediu para voltar na quarta-feira e, meio assustado e incrédulo, de novo me testou múltiplas vezes. Aí ele me pediu para voltar na sexta.

Como minha mãe estava criando dois filhos sozinha, e tinha poucas condições financeiras, na visita seguinte ela perguntou ao dr. Sharp o que estava acontecendo. Ele lhe disse que não entendia e que de fato estava intrigado. Afirmou que eu não tinha mais a doença de Bright, que eu estava totalmente curado.

Finalmente ele perguntou o que tinha acontecido, e minha mãe disse que eu havia sido alvo de oração na sexta-feira anterior. Dr. Sharp disse que tinha consultado outro especialista e avaliado múltiplas vezes os testes. Como a doença era incurável, concluiu, então, que tinha sido um milagre!

Depois de casados, eu e a minha esposa Sandy viajamos por um ano com a irmã Hooke, sendo discipulados por ela. No passado Hookie tinha sido oficial do Exército da Salvação, e adotou um estilo meio militar de nos treinar para o ministério que foi grande bênção em nossas vidas.

Nós viajávamos com ela para congressos que duravam de 6 a 12 semanas cada. Nesses eventos, ela queria que certas músicas fossem cantadas, mas não nos dizia quais. Hookie acreditava que, se buscássemos a Deus, Ele nos revelaria quais eram.

Ethel Hooke dava grande valor a sermos dirigidos pelo Espírito Santo, e não tinha vergonha nenhuma de chamar a atenção da equipe, dos obreiros ou da congregação se achasse que estávamos perdendo o que o Espírito Santo queria. Ela também agia numa grande unção de discernimento, palavras de conhecimento e profecia.

Um dia, me lembro que Hookie chamou um jovem à frente e falou que era a hora de ele aceitar Jesus. Disse que seria sua única chance, e que não teria outra. Ele recusou-se a ser salvo naquele dia, e uma semana depois foi encontrado morto.

Muitas eram às vezes em que uma pessoa aceitava Jesus como Salvador e, dentro de uma semana, sua família inteira vinha aos cultos e se convertia também."

Que testemunho poderoso do pastor Sam sobre Hookie! E ela era exatamente assim, uma poderosa mãe espiritual, usada por Deus a cada dia.

Lembro-me do último dia que a vi com vida. Eu estava com 18 anos e tinha acabado de ir para os Estados Unidos, após meu primeiro período no Brasil, dos meus

13 aos 18 anos de idade. Ela ficou sabendo como Deus tinha começado a me usar na sua obra, e veio toda feliz me receber.

Ela falou comigo com todo carinho de uma mãezinha: "Gary, estou muito feliz de ver como Deus o está usando! Estou orando por você, crendo que Ele fará coisas maiores".

Poucos dias depois de conversarmos, Hookie foi estar com o seu Senhor e salvador Jesus na glória. Mas o impacto da vida daquela mulher permanece comigo até hoje. Apenas por escrever essas palavras, uma unção forte está descendo sobre mim, e já tive que parar algumas vezes para orar no Espírito!

Hookie exemplificou para mim a forma como Deus pode usar uma mulher na unção de mãe.

E da mesma maneira, Deus pode usar a sua vida. Ele tem uma unção e propósito forte para você, e quer fazer maravilhas e milagres. É só você crer, pedir e permitir que o Espírito Santo de Deus a use nessa poderosa unção.

Minha avozinha materna, Vera Mabry, foi outro exemplo de uma poderosa mãezinha espiritual. Ela aceitou Jesus como salvador quando criança, numa igreja batista.

Quando tinha 11 anos de idade, a casa da sua família incendiou, e eles perderam tudo. Em seguida, veio a Grande Depressão, que começou em 1929 e se estendeu por quase uma década, e ela soube na pele o que era passar por tempos difíceis.

Isso apenas fez com que minha avó quisesse mais de Deus. Com 18 anos de idade, orando sozinha no mato atrás de sua casa, ela foi batizada no Espírito Santo de forma poderosa.

Após casar-se e mudar com o marido, meu avô Len Mabry, do Texas, onde foi criada, para a Califórnia, Deus começou a colocar na sua vida uma unção poderosa. Em seguida, ela começou a receber convites para ministrar em congressos.

O Senhor operava de uma forma sobrenatural. Em todos os cultos que minha avozinha ministrava havia curas milagrosas e pessoas vinham à frente aceitar Jesus como salvador. E ela movia em alguns dons do Espírito Santo, inclusive de profecia, e Deus lhe dava muitas revelações.

Meu avô ainda não tinha se firmado com Deus, apesar de ter tido uma experiência com Ele na sua infância. Mas minha avozinha gastava muitas horas orando e buscando a Deus para vê-lo salvo.

Após alguns anos de ministério da minha avó, meu avô se entregou totalmente ao Senhor e foi chamado para pregar. Quando ele começou a pregar o evangelho, minha avó se virou para ele e disse: "Ok, meu bem. A partir de hoje você será o pregador e eu serei sua auxiliadora".

E dito e feito. Durante as décadas seguintes, ela o ajudava como uma grande mulher de Deus e era mãe espiritual de literalmente milhares de pessoas.

Ela apoiava o ministério de meu avô em cada igreja que ele pastoreava, ministrando às mulheres, liderando cultos, às vezes pregando e dando apoio em oração. Minha avó era muito feliz cumprindo esse papel.

Eu sempre tive um elo muito forte com minha avó. Ela me encorajava, orava e intercedia pela minha vida, quando eu comecei meu ministério.

Antes de ir estar com Jesus, ela profetizou coisas sobre a minha vida que nos últimos anos têm se cumprido. E todas sem exceção! Ela era uma grande mulher de Deus e mãe espiritual que me ensinou muito sobre como seguir o Senhor.

Saiba que Deus tem um propósito maravilhoso também para você. Ele quer fazer grandes coisas através da sua vida, como mãe ou irmã espiritual. O Reino de Deus hoje precisa de mulheres assim, e eu creio que você é uma das quais o Senhor quer levantar.

Ouça a voz do Espírito Santo no seu coração hoje, chamando-a a avançar nele. Creio que você verá as maravilhas do Senhor manifestas na sua vida, família e cidade! Deus está ao seu lado. Você é muito especial, separada pela mão do Senhor para ser um instrumento de bênção!

Preste atenção no que Jesus falou: "Alguém lhe disse: 'Tua mãe e teus irmãos estão lá fora e querem ver-te'. Ele lhe respondeu: 'Minha mãe e meus irmãos são aqueles que ouvem a palavra de Deus e a praticam'" (Lc 8.20-21).

Gostou?

Você foi abençoado por este livro? A leitura desta profunda obra foi uma experiência rica e impactante em sua vida espiritual?

O fundador da Editora Atos, que publicou este exemplar que você tem nas mãos, o Pastor Gary Haynes, também fundou um ministério chamado *Movimento dos Discípulos*. Esse ministério existe com a visão de chamar a igreja de volta aos princípios do Novo Testamento. Cremos que podemos viver em nossos dias o mesmo mover do Espírito Santo que está mencioado no livro de Atos.

Para isso acontecer, precisamos de um retorno à autoridade da Palavra como única autoridade espiritual em nossas vidas. Temos que abraçar de novo o mantra *Sola Escriptura*, onde tradições eclesiásticas e doutrinas dos homens não têm lugar em nosso meio.

Há pessoas em todo lugar com fome de voltarmos a conhecer a autenticidade da Palavra, sermos verdadeiros discípulos de Jesus, legítimos templos do Espírito Santo, e a vivermos o amor ágape, como uma família genuína. E essas pessoas estão sendo impactadas pelo *Movimento dos Discípulos*.

Se esses assuntos tocam seu coração, convidamos você a conhecer o portal que fizemos com um tesouro de recursos espirituais marcantes.

Nesse portal há muitos recursos para ajudá-lo a crescer como um discípulo de Jesus, como a TV Discípulo, com muitos vídeos sobre tópicos importantes para a sua vida.

Além disso, há artigos, blogs, área de notícias, uma central de cursos e de ensino, e a Loja dos Discípulos, onde você poderá adquirir outros livros de grandes autores. Além do mais, você poderá engajar com muitas outras pessoas, que têm fome e sede de verem um grande mover de Deus em nossos dias.

Conheça já o portal do Movimento dos Discípulos!

www.osdiscipulos.org.br